Publications du *Bulletin des Tribunaux de Commerce et des Conseils de Prud'hommes.*

1 fr.

# Les Dénaturalisations

## D'ANCIENS SUJETS

## d'Allemagne, Autriche-Hongrie et Turquie

PAR

## Louis MALNOURY

Avocat, Agréé près le Tribunal de Commerce de Besançon
Chargé de Cours de Science commerciale et de Législation industrielle

## Commentaire de la loi du 7 avril 1915

Georges ROUSTAN, Editeur
5, Quai Voltaire, 5 — PARIS

1916

## Les retraits de naturalisations aux sujets allemands, Austro-Hongrois et Turcs

### § 1er. — LES NATURALISATIONS

Il est une question que le Parlement pouvait avoir un intérêt à étudier, une législation qu'il convenait de remanier parce que, comme on le verra plus loin, elle avait une répercussion fort grande sur l'activité économique et commerciale de nos ennemis au sein de notre pays. C'est celle des *naturalisations*.

L'éminent professeur de droit international à la Faculté de Droit de Paris, M. André Weiss, a défini ainsi la naturalisation : « l'acte souverain et *discrétionnaire* de la puissance publique, par lequel une personne acquiert la qualité de national ou celle de citoyen dans l'Etat qu'elle représente ».

Le Code civil de 1804, ne contenait aucune disposition relative à la naturalisation des étrangers. Ce n'est qu'à la suite des lois des 29 juin 1867 et 26 juin 1889 qu'une place lui a été faite, sous les articles 8 et suivants de ce Code.

De cette législation nouvelle, il résulte notamment que sont Français, les étrangers naturalisés sous certaines conditions : capacité juridique de changer de patrie ; autorisation obtenue préalablement de fixer domicile en France, ou résidence en territoire français. Nous nous bornons à renvoyer, sur ce point, aux dispositions de l'art. 8 § 5, du Code Civil.

Quand l'étranger satisfait aux conditions de ce texte, il peut donc demander sa naturalisation, — l'acquisition de la qualité de français, — en se conformant aux règles prescrites pour cette demande par le décret du 13 août 1889 : 1°) requête au Ministre de la Justice avec pièces d'état civil, et de situation de famille jointes, et pièces établissant l'existence des conditions de résidence ou de domicile prévues par l'art. 8 ; 2°) paiement de droits de chancellerie se montant en totalité à 350 francs.

Après enquête du Gouvernement sur la situation et les mœurs du postulant, la demande de naturalisation est rejetée ou accordée. L'admission a lieu par décret publié au *Bulletin des Lois* et notifié à l'intéressé.

La naturalisation accorde à celui-ci, à l'exception de certains droits politiques, tous les avantages compris dans la qualité de Français, notamment en ce qui concerne les droits civils et patrimoniaux.

## § 2. — CRITIQUES CONTRE LES NATURALISATIONS TROP FACILES NÉCESSITÉ D'Y METTRE UN TERME ET D'Y REMÉDIER

Pour les Allemands, les Autrichiens, mais surtout les Allemands qui, nous l'avons vu, cherchaient à pénétrer chez nous, quel excellent moyen que cette naturalisation ! Ils affecteraient une prétendue sympathie pour notre pays, viendraient demeurer sur notre territoire afin d'y exercer tout à l'aise leurs pratiques d'espionnage ou leur action de concurrence économique. Puis, sous le prétendu désir de s'y fixer, mais en réalité pour s'y ancrer davantage, pour obtenir des droits très étendus, ils demanderaient à acquérir la nationalité française, avec, au fond du cœur, l'intention bien arrêtée de conserver leur propre nationalité, de rester *quand même et avant tout allemands.*

Cette pratique, dangereuse pour les intérêts français, était bien facile. Et elle coûtait si peu : 350 francs !

Les Allemands en ont largement usé.

Nous disons que ces abus de naturalisations ont été particulièrement dangereux et dommageables pour les intérêts français.

a) Ils ont, tout d'abord, facilité l'intrusion des commerçants et industriels ennemis sur notre marché national.

« C'est par milliers que les Allemands, mués par décrets en Français incontestables, tout en gardant, avec leur nationalité d'origine, la confiance redoublée de leur gouvernements, tuent nos fils, dévastent nos villes et nos campagnes, après avoir savamment préparé par l'espionnage leurs attentats contre le droit des gens, après *avoir accumulé par le vol et la fraude les ruines de notre épargne, de notre commerce, de notre industrie.* »

« Ruines effrayantes, dont le chiffre ne sera révélé qu'après les liquidations financières qui viendront désoler pauvres et riches jusque dans la victoire et la paix.

La faute si souvent et si vainement dénoncée depuis tant d'années, nous coûte assez cher pour être franchement réparée (1). »

b) On ne peut s'imaginer, on ne peut signaler assez, combien ces abus ont facilité l'espionnage et permis de lui donner son maximum d'efficacité. « Après la cruelle expérience que nous venons de faire, dit M. de Dion dans sa proposition, le doute n'est plus possible : les Allemands ne sont venus chez nous en aussi grand nombre que pour mieux

(1) Proposition de loi Delahaye.

nous étreindre dans un vaste réseau d'espionnage. Ils ont envahi notre territoire, se sont mêlés à notre vie économique pour amasser des armes qui devaient nous asservir à leur « kultur ». Aujourd'hui, après dix mois de guerre, nous sommes encore débordés par les plus audacieuses entreprises d'espionnage. »

On ne peut pas en douter, surtout, quand on a lu le projet de loi Delbrück voté par le Reischtag le 23 février 1912 ; il porte audacieusement les propositions suivantes, rappelées par M. Emile Constant dans son projet :

« Il est vrai que nous reconnaissons qu'il y a des cas où un citoyen allemand, se trouvant à l'étranger, pourrait avoir intérêt à acquérir, à côté de la vieille nationalité, une nouvelle nationalité et que en possédant cette dernière, il pourrait en même temps représenter utilement les intérêts de sa vieille patrie. »

« Pour faire face à cette éventualité, nous avons dans la nouvelle loi, une disposition déclarant que ceux qui auront demandé et obtenu la nationalité dans un pays étranger, mais en ayant préalablement averti les autorités compétentes de leur pays, et en ayant obtenu l'autorisation, ne perdent pas la nationalité allemande. »

c) Aussi comprend-on, — malheureusement bien tard — la nécessité d'une grande méfiance et d'une grande circonspection dans l'examen des demandes de naturalisation, la nécessité d'une nouvelle épreuve de la sincérité des demandeurs et de leur attachement à notre pays.

Nécessité d'autant plus grande que, plus que jamais, l'intérêt des Allemands va les pousser, après la guerre, à s'expatrier. M. le Marquis de Dion l'a fort bien fait remarquer dans l'exposé des motifs de sa proposition de loi. « L'Allemagne vaincue, écrasée sous une lourde contribution de guerre, sera loin d'être la terre promise ; le travail y sera d'un maigre profit pour ses habitants. Il leur faudra s'expatrier ; ce sera leur préoccupation dominante. La France victorieuse, la France aux riches provinces, ne sera-t-elle pas de nouveau désignée à leurs convoitises ? Et cette fois, c'est la haine au cœur qu'ils s'implanteront chez nous en cherchant par tous les moyens licites ou illicites, à obtenir leurs lettres de naturalisation. »

*d)* On a donc compris qu'il y avait lieu de retoucher notre législation afin d'interdire ou de rendre difficiles pour les sujets ennemis des naturalisations futures. On a pensé aussi que les demandes faites depuis quelques années, sous l'inspiration du Gouvernement allemand et pour le servir, notamment depuis la loi Delbrück, étaient singulièrement sujettes à caution et qu'il importait de les réviser. On a entrevu enfin, que les Allemands feront tout leur possible pour obtenir, malgré tout, ces privilèges qu'ils recherchent, et par tous moyens, légaux ou déloyaux, et notamment en acquérant d'abord une nationalité tierce intermédiaire. Et il y avait lieu de paralyser ces stratagèmes (1).

### § 3. — PROPOSITIONS DE LOIS

Telles sont les considérations dominantes, et du plus grand intérêt, qui ont amené des parlementaires à déposer et soumettre au Parlement diverses propositions de loi.

Notamment, le 22 décembre 1914, trois propositions de loi, l'une de M. Jules Delahaye, l'autre de M. Georges Berry, une troisième de M. Émile Constant, étaient déposées sur le Bureau de la Chambre. Le 18 février 1914, c'était celle de M. le Marquis de Dion et de plusieurs de ses collègues.

Les propositions Berry et Constant en-

----

(1) « Avec sa fourberie native, l'Allemand s'efforcera de tourner la loi ; afin de devenir plus facilement Français, il se fera Belge, Suisse ou Hollandais. Pour déjouer cette hypocrisie, nous vous demanderons de ne tenir compte que de la nationalité d'origine, en écartant toute nationalité d'emprunt. » (Proposition de Dion.)

visagent *le passé* : Elles tendent à frapper de nullité les décrets de naturalisation rendus au profit des anciens sujets Allemands, Autrich ns, Hongrois et Turcs, depuis le 15 janvier 1915. A cette déclaration de nullité, — mesure rigoureuse et radicale, — est toutefois attaché un palliatif : les intéressés pourraient faire une nouvelle demande, et jusqu'à la solution de celle-ci, ils conserveraient les avantages de la naturalisation déjà octroyée.

Les propositions Delahaye et de Dion se préoccupent plutôt *de l'avenir* : Elles posent le principe de la suppression de toutes les naturalisations d'Allemands, Autrichiens, Hongrois, qui ne sont pas combattants ou n'ont pas dans leur famille de combattants sous les drapeaux de l'armée française.

D'autre part, elles les frappent de l'impossibilité d'acquérir la nationalité française, avant une période de vingt ans à dater du 2 août 1914, sauf quelques exceptions au profit : 1°) des enfants nés en France depuis le 2 août 1914 ; 2°) des engagés dans la légion étrangère ; 3°) des habitants des territoires à annexer après la signature de la paix.

### § 4. — PROJET DU GOUVERNEMENT

De son côté, le Gouvernement a rédigé et déposé un projet ayant pour but de lui permettre de retirer aux sujets des nations ennemies le bénéfice de ces naturalisations frauduleusement obtenues dans les conditions que nous venons de rappeler, ou de celles qui ne paraîtront pas avoir été méritées.

En effet, comme le souligne le projet, et le rapport de M. le Député Bernard : « S'il apparaît que ces mauvais « Français ne sont, en réalité, que des « *étrangers déguisés*, si leurs sentiments « éclatent en actes hostiles à leur nou- « velle patrie, si leur attitude implique « qu'ils renient eux-mêmes le nom de « Français, n'est-il pas naturel, néces- « saire, qu'on puisse leur retirer le bé- « néfice d'une nationalité, aux consé- « quences de laquelle ils ont été les pre- « miers à se soustraire, si même elle « n'a pas été frauduleusement acquise ? « Ce retrait de naturalisation s'impose « si l'on ne veut pas laisser le Gouver- « nement désarmé en face de personnes « qui, peut-être, se livrent aux pires ma- « nœuvres ou qui, en tout cas, sous le « couvert de la nationalité française, « échappent aux mesures que, pour le « salut de la patrie, il a paru bon de « prendre contre les sujets des puis- « sances ennemies. »

Le projet ne demande pas autre chose qu'une disposition spéciale et tempo- raire, toute de circonstance, en attendant une refonte de notre législation d'ensemble sur la matière de la nationalité et la naturalisation.

### § 5. — LES TRAVAUX DU PARLEMENT
### LES EXIGENCES DU SÉNAT

Le projet et les propositions de loi ont été examinés ensemble, tout d'abord par la Chambre. Soumis à la Commission de la réforme judiciaire et de la législation civile et criminelle, présidée par M. Jean Cruppi, ils ont fait l'objet d'un rapport très documenté de M. Maurice Bernard, député du Doubs, rapporteur. Il a été déposé à la séance du 19 janvier 1915, a été discuté et adopté. Transmis le 29 janvier au Sénat, il a été soumis au rapport de M. Maurice Colin, au nom de la commission sénatoriale spécialement désignée pour l'examen du texte voté par la Chambre ; rapport déposé le 18 février, et discuté longuement aux séances des 4, 5 et 12 mars.

Le Sénat n'a pas admis le projet qui était transmis. Il y a apporté plusieurs modifications, les unes sans grand intérêt, et son texte est retourné à la Chambre le 22 mars.

Ce renvoi appela une nouvelle étude de la Commission de législation, étude faite le jour même, terminée le 24, par un rapport et un nouveau texte présentés par M. Maurice Bernard.

La discussion a été reprise au Palais-Bourbon, le 2 avril, le nouveau texte adopté. Et le Sénat en ratifiait les dispositions dans sa séance du lendemain.

Le 7 avril, la loi était promulguée.

Le Sénat a formulé, au cours de la discussion, des exigences qui ont précisément retardé ce vote de la loi. Il a voulu renforcer le texte primitif, pour arriver à imposer une publication de naturalisations considérées comme suspectes, pour assurer le contrôle du Parlement et de l'opinion elle-même sur ces naturalisations. Il a entendu d'autre part faire quelques modifications au texte : quant au titre de la loi ; — quant à l'inefficacité des naturalisations intermédiaires ou naturalisations d'expédient, de stratagème ; — quant au délai d'application de la loi, à sa rétroactivité. Il a enfin, — et c'est ici une modification très importante, voté un amendement aboutissant à l'annulation, puis à la révision seulement, des naturalisations accordées depuis le 1er janvier 1913 à tous les sujets des nations en guerre avec la France.

Ces différentes modifications n'ont d'ailleurs pas été toutes maintenues, et la Chambre a apporté au texte du Sénat quelques retouches que celui-ci a enfin acceptées.

Nous aurons à revenir sur tous ces points.

## § 6. — ÉCONOMIE DE LA LOI
### PRINCIPE DU RETRAIT DES NATURALISATIONS

L'article 1er de la loi du 7 avril 1915 pose le principe de la possibilité de déchéance de la naturalisation à l'égard de celui qui, ancien sujet d'une puissance ennemie, a conservé cette nationalité tout en acquérant la nationalité française.

C'est qu'au point de vue du droit international, on admet que la naturalisation française n'a pour effet de faire perdre la nationalité première du naturalisé qu'autant que la loi de son pays édicte formellement cette perte de nationalité (1). Or, la législation allemande, — avec intention, nous l'avons vu, — ne se prononce pas en ce sens.

Un Allemand naturalisé Français, soumis à ce titre aux charges de la loi française de même qu'il en tire les avantages, demeure donc ou peut demeurer astreint à des devoirs au regard de son ancienne patrie, et en recueillir les droits. Situation évidemment choquante, anormale. Les devoirs auxquels il est tenu envers les deux pays sont absolument contraires ; il lui faut donc opter. S'il décide de servir l'Allemagne, comment hésiterions-nous à le considérer comme indigne du titre de Français ?

(1) Cogordon, *De la nationalité*, p. 150.

Comment l'Etat hésiterait-il à lui retirer cette qualité (1) ?

Il y a à cela de bonnes raisons de droit, à côté des motifs impérieux de fait.

*a)* Le principe dominant la matière, principe généralement admis, est que l'acquisition d'une nationalité, acte volontaire d'un sujet étranger, est la dénonciation du contrat qui le liait à l'Etat de son pays d'origine, en même temps que la formation d'un nouveau contrat avec un nouvel Etat. Chaque partie est tenue, de par cet acte, à des charges envers l'autre. L'individu qui, après sa naturalisation, ne pourra pas servir la France avec tout le dévouement et la probité qu'elle attend de lui, n'exécutera pas les engagements qu'il a pris en acquérant la nationalité française. Et cette inexécution autorisera la rupture de la convention ainsi passée ; rupture qui s'accomplira alors, de la part de l'Etat, par l'exercice du droit de retrait.

(1) « Il importe, dit M. Weiss (*Dr. int.*, p. 80), « que l'acquisition d'une nationalité nouvelle « aussi bien que l'abdication qu'elle suppose, « soit entourée de précautions et de garanties, « destinées, les unes à mettre obstacle à l'admission d'un membre indigne dans la cité « et à l'heimathlosat, les autres à ne laisser subsister aucun doute sur la volonté certaine et réfléchie de l'intéressé. Et c'est au « législateur à y pourvoir par une réglementation sévère. »

*b)* Il y a dans notre Code civil un texte, l'article 17, qui traite des conditions de perte de la qualité de Français. Et parmi les causes qui, suivant le texte, font perdre la qualité de Français, il en est deux qui doivent être retenues ici :

1°) Le fait par le Français de se faire naturaliser à l'étranger ou d'acquérir, par le fait de la loi (par exemple, pour une femme, par le mariage avec un étranger), une nationalité étrangère ; — 2°) le fait de prendre du service militaire à l'étranger. Le législateur ne voulait pas de semblables partages.

Or, à l'heure présente moins que jamais, les devoirs que la patrie impose à tous les citoyens *ne souffrent pas le partage*. A cette heure, la conservation d'une deuxième patrie à côté de la patrie française ne peut pas être admise, ne peut pas être tolérée aux naturalisés. Il n'y a pas de raison pour leur faire une situation meilleure qu'aux Français d'origine, bien au contraire. Et si les faits commis par ceux-ci dans les conditions de l'art. 17, entraînent pour eux la perte de la nationalité, *a fortiori* doit-il en être pour les naturalisés. Si l'acquisition d'une nationalité nouvelle entraîne dénationalisation pour le Français d'origine, pourquoi n'en serait-il pas ainsi pour le naturalisé qui conserve son ancienne patrie ?

Il faut reconnaître cependant que, quelle que soit la force d'un argument d'analogie, il y avait une difficulté juridique très grande à appliquer à cette nouvelle hypothèse, l'art. 17 du Code civil, qui prévoit, règle des déchéances et à ce titre apparaît comme un texte exceptionnel, à interprétation restrictive (1). « Même quand la similitude est complète, l'argument *a pari* est très faible en certaines matières et surtout en matière pénale... Il en est à peu près de même en *matière déchéances civiles*, en matière de charges ou même de privi-

(1) Malheureusement l'art. 17, 1°, du Code civil ne vise pas le cas où un individu voudrait acquérir la nationalité française, tout en conservant, fût-ce sur sa demande, sa nationalité d'origine. Il eût été douteux, selon moi, qu'une jurisprudence hardie pût aller jusqu'à étendre à ce dernier cas l'empire de cette disposition. Aussi bien, l'article 8 du code civil ne fait-il pas de cette rupture de tout lien d'allégeance une condition de la naturalisation. On comprend qu'il en soit ainsi quand c'est malgré lui, contre sa volonté, que le candidat à la naturalisation reste lié à sa patrie d'origine. Chaque État est maître absolu de définir quels liens enserrent ses ressortissants et les conflits qui naissent de la divergence des législations ne peuvent guère être résolus que par des traités internationaux. Mais que l'on ne tienne aucun compte de l'accord grâce auquel le candidat à la naturalisation a obtenu de rester attaché, à son ancienne patrie, qu'on n'en fasse pas une cause de rejet ou d'annulation de la naturalisation, voilà qui est plus étrange. »
(Rapport de M. Maurice BERNARD, à la Chambre, 19 janvier 1915.)

2

lèges ; et, en général, *toutes les fois qu'on veut argumenter d'une décision exceptionnelle* (1). »

La seule solution pour arriver au résultat cherché, et non trouvé dans l'article 17, était de proposer un nouveau texte au vote du Parlement.

Cette solution était d'autant plus nécessaire que le vote de la loi allemande Delbrück, dont nous avons parlé plus haut, a très nettement révélé aux yeux des Français le caractère frauduleux des naturalisations récentes des Allemands, et l'audacieuse intention, chez les naturalisés, de cumuler des nationalités.

## § 7. — EXERCICE DU DROIT DE RETRAIT ÉTENDUE D'APPLICATION — CONDITIONS DE FOND ET DE FORME

*A) Généralités.*

Le texte, de caractère exceptionnel, doit être interprété restrictivement, comme nous l'avons déjà dit maintes fois. Nous estimons donc qu'il ne s'applique qu'aux *naturalisations stricto sensu*, qui ont été opérées par décret.

Il ne saurait dès lors recevoir son efficacité :

1°) Quant aux acquisitions de la nationalité française par le seul effet de la loi,

(1) BERRIAT-SAINT-PRIX, *Manuel de Logique juridique*, p. 35.

par le bénéfice des articles 9 et 10 du Code civil. Il n'en serait différemment, suivant nous, que pour la femme d'un naturalisé devenue française par l'effet de la déclaration prévue à l'art. 12 du Code civil, et pour l'enfant d'un naturalisé, français comme celui-ci faute de l'option prévue audit art. 12 §3.

2°) Quant aux acquisitions de cette nationalité par suite de *réintégration* dans la qualité de Français, en vertu des articles 18 et 19 du même Code (1).

La loi ne s'applique, en outre, *quant au temps* :

*a*) Que dans l'hypothèse d'une guerre entre la France et une puissance dont a ressorti le naturalisé (art. 1er) ;

*b*) Que pendant les hostilités et une période de deux ans après la signature définitive de la paix (art. 7). Le projet ne s'expliquait pas sur ce point ; l'adjonction a été proposée par la Commission du Sénat (2).

*Territorialement*, elle est applicable (art. 8) :

*a*) en France ;

(1) Mais dans ces divers cas où le retrait ne peut avoir lieu, la perte de nationalité peut toujours avoir lieu dans les termes de l'art. 17 du Code civil.

(2) On avait parlé d'un délai d'un an ; il a été porté à deux ans sur une demande insistante de M. Etienne Flandin. (Sénat, séance du 12 mars.)

*b)* en Algérie ;

*c)* dans les autres provinces françaises.

*B) Conditions de Fond.*

Pour l'examen de celles-ci, il convient de distinguer les cas de déchéance obligatoire et ceux de déchéance facultative.

### *I. — Déchéance obligatoire*

Elle aura lieu lorsque le naturalisé se trouvera dans l'une des hypothèses réglées par l'art. 1$^{er}$ § 2 de la loi, savoir :

il a recouvré une nationalité antérieure (1) ;

il a acquis une autre nationalité ;

(Assimilation avec le cas du Français *d'origine* qui acquiert une nouvelle nationalité (art. 17 § 1$^{er}$ du C. C.).

il a porté les armes contre la France ;

il a quitté la France pour se soustraire à une obligation militaire ; (assimila-

---

(1) Le texte primitif parlait des naturalisés qui ont « conservé leur nationalité d'origine ». La Commission du Sénat a craint qu'une interprétation stricte empêche d'atteindre le but poursuivi, qu'il ne permette pas de saisir celui qui, originaire d'un pays neutre ou allié, s'est d'abord fait naturaliser allemand, puis français. Elle a alors adopté la formule plus précise indiquée plus haut : « il a recouvré une *nationalité antérieure* ».

D'autre part, l'hypothèse, d'abord rangée parmi les causes de retrait facultatif, est passée parmi les conditions de fond de déchéance obligatoire, à la suite d'une discussion assez confuse du Sénat (séance du 5 mars 1915), sur un amendement de M. Brager de La Ville-Moysan.

tion à la situation faite par l'art. 17 § 4
au Français d'origine) ;

il a prêté, tenté de prêter, *directement
ou indirectement*, — contre la France,
— en vue ou à l'occasion de la guerre,
*une aide quelconque* à une puissance
ennemie.

(Ce texte est, on le voit, on ne peut
plus général ; il vise tous les moyens
par lesquels l'aide à l'ennemi a eu lieu ;
tous les caractères de cette aide, militaire ou économique ; la tentative aussi
bien que l'aide elle-même ; par consé-
quent la complicité se trouve rangée
dans l'hypothèse. Enfin, l'aide peut être
indirecte, se donner par l'intermédiaire
d'une puisance neutre ou alliée. Mais il
faut qu'elle ait été donnée : *en vue ou
à l'occasion de la guerre*. Sans cet élé-
ment intentionnel la cause de déchéance
n'existe pas, encore bien que dans *sa
matérialité* ou dans *ses effets*, le fait
existe.

L'énumération des cas de déchéances
est limitative, en vertu du principe, déjà
visé, de l'interprétation restrictive. Mais,
ainsi que le soulignait le rapporteur à
la Chambre, « les termes dont se sert
le projet (la loi) sont assez larges pour
comprendre toutes les espèces dans les-
quelles il y a vraiment danger à laisser
à un individu son titre de citoyen français ».

Une objection avait été formulée par M. Jenouvrier, lors de la discussion au Sénat. Il se demandait comment serait faite la preuve que l'individu touché avait conservé la nationalité allemande ou autrichienne ; il disait qu'en présence de cette difficulté de la preuve, la première cause de retrait serait inopérante. Il demandait alors un remède, un palliatif à cet inconvénient ; s'inspirant des agissements de l'Etat allemand, notamment du vote de la singulière loi Delbrück, et y voyant une présomption de fraude dans les naturalisations demandées et obtenues depuis un certain temps, il demandait l'annulation de toutes les naturalisations accordées depuis le 1<sup>er</sup> janvier 1913.

A la Chambre, M. le rapporteur Bernard, — examinant l'amendement de M. Jenouvrier, disait, d'une part, que le premier texte était suffisant, car le Gouvernement, en présence d'un individu soupçonné d'avoir conservé la nationalité allemande et lui paraissant dangereux pour la défense nationale, avait le devoir de proposer le retrait de la naturalisation et même de la retirer malgré l'avis du Conseil d'Etat, sauf le recours de l'intéressé (mais recours non suspensif, n'entravant pas, dès lors, la sauvegarde de la sûreté de l'Etat). Il ajoutait, d'autre part, que les conclusions de l'amendement dépassaient de beaucoup les motifs, le point de départ, puisque les Austro-Hongrois et les Turcs (que n'intéresse pas la loi Delbrück), étaient cependant atteints.

De ces discussions aux deux Chambres est sorti un texte mitigé. L'idée de l'annulation des naturalisations a été rejetée, pour faire place à celle de la révision, dans les conditions que nous examinerons dans un instant.

### II. — *Retrait facultatif*

L'art. 1er de la loi prévoit la possibilité du retrait de la naturalisation de l'individu qui a conservé la nationalité de son pays d'origine ou du pays dans lequel il a été antérieurement naturalisé.

Nous avons dit que cette seconde partie de la proposition, visant les naturalisations intermédiaires, a eu pour but d'empêcher les fraudes.

Nous examinerons dans un paragraphe spécial les retraits qui sont la conséquence des révisions de naturalisations.

### C) *Conditions de Forme.*

Il n'est pas entré dans les vues du Parlement de donner, pour le retrait de la naturalisation, un pouvoir discrétionnaire au Gouvernement, exempt de tout contrôle. «C'est l'honneur et la grandeur morale de la France de rester en toutes circonstances, fût-ce aux heures les plus graves de la vie nationale, fidèle aux idées de liberté et de justice. Le décret de naturalisation une fois rendu, un droit est né. Ce droit ne peut être arbitrairement retiré à l'individu, au gré des passions et des dénonciations. Des garanties de forme doivent être accordées (1). »

Ces garanties sont assurées par la double intervention du Conseil d'Etat, appelé d'abord à donner son avis avant la prise du décret, et à statuer sur le recours de l'intéressé :

*a*) L'art. 1er § 3, stipule que le décret ne pourra être rendu que sur avis du Conseil d'Etat. A la différence de ce qui a été expressément indiqué par les droits de propriété industrielle, la prise du décret n'est pas subordonnée à un avis *conforme* du Conseil d'Etat. Le décret peut être rendu, même malgré un avis contraire. Cela résulte : 1°) du texte même, qui ne pose pas cette condition ; 2°) de l'argument *a stricto sensu* signalé plus haut : si, dans un texte se rapprochant du même ordre d'idées, le législateur a exigé l'avis *conforme* du Conseil d'Etat, il l'a visé spécialement dans le texte ; il ne l'a pas indiqué ici ; donc

(1) Rapport BERNARD à la Chambre, 19 janvier 1915.

il ne l'a pas exigé. C'est, au surplus, l'application de l'adage : pas de formalité tacite (1) ; 3°) cela résulte encore des travaux préparatoires : lorsque M. le Député Bernard réfutait, à la séance du 2 avril 1915, les objections faites au Sénat par M. Jenouvrier, il disait : « Le Gouvernement... avait le devoir de proposer le retrait de la naturalisation au Conseil d'Etat, et, *quel que fût cet avis, le devoir de la lui retirer* (2). »

(1) « Si le texte relatif à l'espèce litigieuse ne contient pas certaines formes ou condi-« tions, il fournit évidemment une induction « pour les exclure. On invoque alors cette idée « que les juges ou les particuliers ne sau-« raient prescrire de leur autorité privée des « conditions omises par le législateur. » (BER-RIAT-SAINT-PRIX, *Manuel de Logique juridique*, p. 317.

(2) « On s'est demandé — et cette opinion eut des défenseurs au sein même de la commission — s'il ne conviendrait pas de chercher des garanties de forme de retrait de naturalisation dans l'intervention d'une autre autorité : le pouvoir judiciaire ?
Il n'échappe à personne que l'argument tiré, en faveur de cette opinion, de l'article 17 du code civil, perd sa force, du moment qu'on restreint la mesure prise à un retrait de naturalisation, c'est-à-dire, au retrait d'un droit dont la concession a été subordonnée à l'appréciation du pouvoir. Certes — et nous y avons insisté — des garanties doivent être données contre l'arbitraire, mais la naturalisation ayant été accordée par décret, il n'y a rien de contraire aux principes que le retrait en soit prononcé par décret. Les tribunaux qui interviennent dans les hypothèses prévues par l'article 17 du Code civil ne sont d'ailleurs appelés qu'à constater un fait sans lui donner

*b)* Le décret de retrait n'est du reste pas rendu sans que l'intéressé ait été entendu, et que ses observations, parvenues au Ministère, aient été soumises au Conseil d'Etat.

Le décret du 24 avril 1915, règle les conditions de cette garantie spéciale accordée au naturalisé.

---

une sanction. Le décret de retrait porte en lui quelque chose de plus qu'une constatation juridique : il manifeste une réprobation et édicte une déchéance. Il offre en outre cet avantage appréciable de constater officiellement le fait accompli, de le rendre public et certain.

Une autre considération a emporté le choix des formes requises pour le retrait. L'intervention des Tribunaux dans les cas prévus par l'article 17 du code civil est une intervention subordonnée en fait à l'initiative prise par les particuliers lésés dans leurs intérêts.

Il ne peut venir à l'esprit d'attendre ici cette initiative. A supposer même que le droit d'action donné au ministère public ne prête à aucune objection, l'introduction d'une instance à sa requête aurait été le point de départ d'une procédure longue et difficile par suite de l'absence probable de l'intéressé. Sous peine de mutiler l'appareil judiciaire, de détruire les garanties qui sont attachées à son fonctionnement, il eût fallu maintenir les formes ordinaires, les recours normaux, ce qui eût rendu vaines les initiatives prises et repoussé la solution jusqu'à une époque où elle n'eût guère présenté d'intérêt.

Le Gouvernement a pensé, avec juste raison, qu'il fallait agir et agir vite. Les règles de forme que consacre le projet, concilient de façon très heureuse la garantie des droits de l'individu avec la nécessité d'une prompte et efficace intervention. » (Rapport BERNARD, précité.)

Par une notification en la forme administrative, il est avisé que le Ministre de la Justice se propose de provoquer le retrait de sa naturalisation, et les motifs de cette demande de retrait lui sont indiqués.

Le retrait pouvant s'étendre, — comme il sera dit plus loin, — à la femme et aux enfants du naturalisé, la notification fait mention de la limitation ou de l'extension du retrait. Quand il doit leur être appliqué, la femme et les enfants reçoivent semblable notification. La notification relative aux enfants leur est faite par la voie de leur représentant légal.

*Lieu de notification.*

En principe, elle est faite à la personne même de l'intéressé, à son domicile ou à sa résidence *actuelle*.

Mais il peut se faire, d'une part, que l'Administration ignore ce domicile ou cette résidence, ou bien que le naturalisé habite en pays ennemi ; dans ce cas, la notification à la personne est remplacée par un avis inséré au *Journal Officiel* ; d'autre part, que le dernier domicile connu (ou la dernière résidence), soit dans une colonie française ou un pays de protectorat français ; auquel cas l'avis est inséré au *Journal Officiel* et dans le *Bulletin* ou *Recueil Officiel* de la Colonie ou du pays de protectorat.

*Observations de l'intéressé.*

Celui-ci peut alors transmettre ses observations, par décret, savoir : au Ministère de la Justice s'il est domicilié ou résidant en France ;

au Secrétaire Général, administrateur civil, agent diplomatique ou consulaire le plus rapproché de sa résidence ou de son domicile, s'il est résidant ou domicilié dans une colonie, un pays de protectorat ou un pays étranger.

Le décret n'indique pas comment sera fait l'envoi par un naturalisé domicilié ou résidant en pays ennemi. On doit en conclure qu'il le fera, soit directement au Ministère de la Justice, soit à l'Agent diplomatique de pays neutre à l'étranger qui a pris charge et soin des intérêts français.

Les observations peuvent être envoyées à ces diverses autorités par lettre recommandée ou déposées à leurs bureaux contre récépissé.

Le délai donné à l'intéressé pour répondre est de quinze jours, à compter du jour de la notification ou de la publication de l'avis. A défaut d'un texte spécial s'expliquant sur ce point, on doit décider que ce délai est *franc* (1) ; mais

______

(1) Le délai est franc lorsque le *dies a quo* et le *dies ad quem* ne sont pas comptés, c'est-à-dire ni le jour du point de départ ni le jour de l'échéance.

qu'il ne s'augmente pas à raison des distances, (dans les conditions déterminées au Code de procédure), ni dans le cas où le dernier jour tombe un dimanche ou jour férié. Nous sommes ici dans une matière spéciale, où les dispositions de l'art. 1033 du Code de procédure civile et de la loi du 13 avril 1895 ne semblent pas devoir être appliquées ; leur domaine est, à notre avis, uniquement celui de la procédure devant les Tribunaux ou des actes extrajudiciaires (2).

Mais nous pensons que, lorsque la publication aura été faite au *Journal Officiel*, le délai ne courra pas uniformément du jour de cette publication ; qu'il faudra appliquer l'art. 1er du Code civil, et le décret du 5 novembre 1870, relatifs à la promulgation et la date d'exécution des lois et décrets.

La femme et les enfants qui, d'après la notification ministérielle, doivent être atteints par le retrait, ont le même droit de réponse, dans les formes et délais sus-indiqués (art. 6 du décret). La réponse au nom des enfants est faite par leur représentant légal.

*Solution sur le projet de retrait.*

A l'expiration du délai de quinzaine,

(2) Voir, sur cette question, Chauveau sur Carré, questions 2400 et suivantes.

le dossier et le projet de décret sont transmis au Conseil d'Etat, avec les observations si l'intéressé en a formulées. La solution, après avis du Conseil d'Etat, doit intervenir dans les trois mois de cette transmission.

Serait considérée comme entachée d'irrégularité la décision rendue sans que le Conseil d'Etat ait été consulté. Mais ni la loi ni le décret ne dit de quelle section spéciale doit émaner l'avis. Il nous semble qu'alors toutes les sections devront être consultées, conformément à la jurisprudence du Conseil (3), et à l'art. 8 de la loi du 24 mai 1872.

A la suite de l'avis du Conseil d'Etat, (et, nous l'avons vu, quel qu'il soit), le retrait de naturalisation peut être prononcé, ou, au contraire, abandonné.

La décision de retrait est rendue par décret, tandis que la décision d'abandon émane du Ministère de la Justice. La distinction des effets juridiques de ces deux décisions explique la raison de la différence faite entre les hypothèses.

*Publicité de la solution.*

Elle est différente suivant qu'il s'agit d'un retrait ou d'un abandon du projet de retrait.

(3) Arrêts du 23 février 1861 (D. P. 61-3-83) et du 13 mars 1867 (D. P. 1868-3-13).

*a)* Dans le premier cas, le décret est publié au *Journal Officiel*, au *Bulletin des Lois*, et, s'il s'agit d'un habitant ou résident d'une colonie ou d'un pays de protectorat, au *Recueil Officiel* de la colonie ou du protectorat.

Cette publication présente de l'intérêt pour assurer l'opposabilité du décret aux tiers.

Il est, en outre, notifié à l'intéressé dans la forme administrative, lorsque bien entendu, elle est possible ; si l'on se trouve en face d'un naturalisé sans résidence ni domicile connu ou habitant en pays ennemi, la publication officielle sera considérée comme suffisante.

*b)* Dans le second cas, on se borne à dénoncer la décision du Ministre dans la forme déjà employée pour dénoncer le projet de retrait.

*c)* Qu'il s'agisse d'un retrait ou d'un abandon du projet de retrait, la notification est faite à la femme et aux enfants mineurs visés au décret ou au projet, dans les mêmes conditions que pour la dénonciation originaire.

*Recours contre le décret de retrait.*

Aux termes de l'art. 1ᵉʳ § 3 de la loi du 7 avril, le naturalisé contre lequel est rendu le décret de retrait peut exercer un recours au contentieux devant le Conseil d'Etat.

Ni la loi, ni le décret, ne règlent les conditions d'exercice de ce recours. Il faut donc s'en référer au droit commun, au décret fondamental du 22 juillet 1806 (et à ses modifications successives). Nous renvoyons le lecteur au texte. Notons simplement une difficulté relative au ministère de l'avocat. La requête afin de recours pourra-t-elle être présentée par un avocat ? L'espèce ne semble pas rentrer dans les cas où le ministère d'avocat est exclu (à moins qu'on considère que l'on se trouve en présence d'un recours pour excès de pouvoir, dans les termes de l'art. 1er de la loi du 2 novembre 1864 et de l'art. 4 de la loi du 17 avril 1906). Mais à supposer qu'elle n'y rentre pas, on tourne dans un cercle vicieux : nous allons voir que le décret est exécutoire malgré le recours, qui n'est pas suspensif. Or, si le décret est exécutoire, à partir du moment où il est publié, le naturalisé a perdu la qualité de Français, acquis celle d'étranger belligérant et les lois sur l'interdiction de relations interdisent à un mandataire quelconque de lui prêter son concours sous les peines édictées par la loi du 4 avril 1915. Ce point délicat ne semble pas avoir été aperçu.

La loi et le décret ne disent pas non plus si la décision du Conseil d'Etat doit recevoir la publicité organisée. Qu'elle ne la reçoive pas quand le décret sera maintenu, soit ; cela n'a aucun intérêt. Mais il semble bien nécessaire de publier dans les mêmes formes que pour le décret de retrait la décision annulant ledit décret, afin d'anéantir les effets de la publication antérieure qui n'exprime plus la vérité quant à la situation juridique du naturalisé.

Il n'est rien dit non plus quant à la question des dépens. On s'en référera donc au droit commun (1).

### § 8. — EFFETS DU DÉCRET DE RETRAIT

*A) Effets dans l'avenir, à l'égard du dénaturalisé.*

A partir du moment où le décret de retrait est exécutoire, le dénaturalisé, ayant cessé d'être Français, se trouve placé dans une situation identique à celle des étrangers. Il sera astreint à nos lois relatives à la condition des étrangers en France, notamment aux articles 11, 13, 14, 15, 16 du Code civil, sous réserve de l'application des lois spéciales votées depuis la guerre, des dispositions aggravantes réglant le sort des sujets d'Etats belligérants et le sort des actes par eux passés.

(1) Voir notamment les art. 41 et s. du décret du 22 juillet 1806, 1" de la loi du 2 novembre 1864 et 4 de la loi du 17 avril 1906 et leurs commentaires. (Code Administratif, DALLOZ.)

A cet égard, M. le Rapporteur à la Chambre a écrit : « Si, ce qui sera exceptionnel, cet individu est resté en France, on pourra prendre contre sa personne les mesures qu'on a appliquées depuis la déclaration de guerre, aux sujets des puissances ennemies : expulsion, envoi dans un camp de concentration. De même, en ce qui concerne le patrimoine, il tombera sous le coup de l'application des dispositions concernant le séquestre ou l'interdiction de commercer qui visent les sujets des nations ennemies. »

Sur les conséquences pratiques de la perte de la qualité de Français, nous renvoyons le lecteur aux ouvrages spéciaux (1).

B) *Effets rétroactifs, à l'égard du dénaturalisé.*

En principe, les actes de l'administration ne produisent leurs effets que dans l'avenir, mais ne rétroagissent pas. Et plusieurs parlementaires demandaient le maintien de ce principe. Mais les Commissions ont pensé que si la mesure gouvernementale n'avait pas d'effet rétroactif, les actes les plus importants peut-être que le déchu auraient passés en prévision du retrait et à la faveur des événements, conserveraient leur effica-

(I) Voir notamment, Weiss, op. cit., p. 133.

cité, alors même qu'ils auraient eu pour but et pour effet de paralyser les mesures édictées contre les étrangers ennemis, et de mettre l'intéressé hors d'atteinte (1) ».

Aussi a-t-on permis cette rétroactivité : et c'est le décret de retrait qui détermine la date de prise d'effet de la dénaturalisation. La loi met toutefois cette réserve qu'en aucun cas la date ne pourra être antérieure à la déclaration de guerre.

## C) *Respect des droits acquis aux tiers.*

La loi pose encore le principe que cet effet rétroactif ne peut, en aucune façon, préjudicier aux droits antérieurement acquis aux tiers. C'est du reste une règle fondamentale de la matière. On la trouvera exposée aux divers commentaires de l'art. 17 du Code civil.

Aucune réserve n'avait été faite dans le texte originaire à ce sujet. La Commission de la Chambre a trouvé excessif et inadmissible l'étendue de la rétroactivité et elle a entendu y apporter cette limite.

Le Conseil d'Etat, appelé à donner

(1) Rapport BERNARD, précité : « Il a, par exemple, de connivence avec un tiers, fait passer tous ses biens entre les mains d'un tiers en vue d'éviter les mesures de nullité et l'application du séquestre, qui seront la conséquence du décret de retrait. »

son avis sur la recevabilité du projet de retrait, semble devoir l'être également, quant à cette question accessoire.

Autre observation : si la règle est que les droits des tiers sont maintenus, il n'en demeure pas moins que la nullité de leurs actes antérieurs au retrait pourra être réclamée et obtenue en cas de fraude. Il convient seulement de noter que la bonne foi se présumant, la fraude devra être prouvée.

Enfin, si la dénaturalisation ne peut être opposée aux tiers qui ont un droit acquis, fondé sur ce que le dénaturalisé avait encore la qualité de Français quand il a contracté, il en est différemment lorsque ces tiers n'ont que de vagues expectatives, ou des pollicitations non suivies d'acceptations.

D) *Effets du retrait à l'égard de la famille du dénaturalisé.*

L'art. 4 de la loi exprime une idée admise par la presque unanimité des auteurs (1), et par la jurisprudence : le retrait de la nationalité française *est personnel* à celui qui l'a encourue.

Il en résulte cette conséquence que la dénaturalisation du mari ne s'étend pas à sa femme (1) qui a manifesté, par ses

----

(1) DALLOZ, *Codes Annotés. — Nouveau C. civil,* art. 1ᵉʳ à 110 : chap. II, Privation des Droits civils (C. Civil, art. 17).

agissements, sa volonté de rester Française, a continué de rester en France, alors même que la législation du pays étranger auquel retourne le dénaturalisé attacherait un effet collectif à la réintégration de celui-ci (2).

Que de plus les enfants majeurs ne sont pas atteints par la dénaturalisation de leur auteur. Dans l'opinion dominante, on adopte la même conclusion à l'égard des enfants mineurs, en s'inspirant du caractère strict des lois relatives aux déchéances et à la perte d'une nationalité. Cette manière de voir est celle admise par le législateur de 1915. Elle est inspirée aussi par une idée de justice : « Le prolongement des effets du retrait de la naturalisation à l'égard des membres de la famille de l'ex-naturalisé eût présenté le grave inconvénient de

---

§ 2. — Effets relativement à la famille du Français dénationalisé.

374. La dénationalisation d'un Français ne produit que des effets individuels, elle n'a pas d'effets collectifs. DURANTON, t. I, n° 180 ; DEMOLOMBE, t. I, n° 175 ; VALETTE, sur PROUDHON, t. I, p. 126, note d. ; DEMANDE et COLEMET DE SANTERRE, t. I, n° 36 bis. ; LAURENT, t. I, n° 387 ; HUC, t. I, n° 303 ; AUBRY ET RAU, 5° édit. t. I, § 74, notes 40 et 41, p. 441 et s. ; BAUDRY-LACANTINERIE ET HOUQUES-FOURCADE, t. I, n° 530 ; WEISS. op. cit., t. I, p. 462 ; COGORDAN, op. cit. p. 249, Contrà ; ALAUZET, op. cit., n° 28 ; VARAMBON, *Revue pratique*, 1859, p. 50.

(2) Toulouse, 17 juillet 1874 ; D. 76-1-5. — Chambéry, 27 août 1877 ; D. 78-2-184. — Rouen, 6 avril 1887 ; D. 89-2-17.

faire rejaillir sur des personnes dont la conduite est à l'abri de tout soupçon, et dans certains cas même, digne d'éloges, les conséquences d'une faute qui peut être personnelle au chef de la famille (1). »

Pour le cas où l'application de cette règle de la personnalité du retrait aurait présenté des inconvénients, l'art. 4 § 2 prévoit que, par exception, le retrait pourra frapper la femme ou les enfants, la femme et les enfants du dénaturalisé.

Dans ce cas, il n'y a pas à se préoccuper de la nationalité originaire de la femme et des enfants, ni du point de savoir s'ils se trouvent personnellement dans les conditions de fond prévues à l'article 1er de la loi, sans quoi, il s'agirait toujours d'un retrait à titre principal ; tandis que ce retrait n'est, à leur égard, qu'une conséquence de celui concernant le mari ou le père.

Mais il faut, à la mesure prise dans ces conditions, des garanties de forme. Le retrait à titre de conséquence, frappant l'épouse ou les enfants, doit être visé de façon précise dans le projet de retrait, dans la notification ou publication de ce projet, dans le décret et dans la notification ou publication de ce décret. Le droit de présenter des ob-

(1) Rapport Bérard, précité.

servations leur est en outre réservé, ainsi qu'on l'a vu plus haut.

Lorsque le décret concernant le mari ou le père n'a pas réglé ce retrait accessoire, la dénaturalisaiton peut avoir lieu, soit à l'égard de la femme, soit à l'égard des enfants, par un décret ultérieur, sous l'observation des conditions de formes examinées au § 7 C.

E) *Effets quant aux lois pénales.*

L'art. 3 porte qu'en aucun cas, la rétroactivité du retrait ne pourra faire échec à l'application des lois pénales sous le coup desquelles le naturalisé serait tombé avant le décret.

S'il n'en était pas ainsi, la dénaturalisation, loin d'être une déchéance, serait un avantage pour l'intéressé. Supposons un Allemand naturalisé qui a déserté après la déclaration de guerre. Si le retrait produisait un effet rétroactif *complet*, même au point de vue pénal, l'individu, réputé Allemand au jour de la déclaration de guerre, ne pourrait être considéré comme coupable du crime par lui commis, ne pourrait être poursuivi. Solution inadmissible.

## § 9. — DROIT DE RÉPUDIATION
### RÉSERVÉ A LA FEMME ET AUX ENFANTS

*A) Généralités.*

Il était impossible, (il aurait été injuste), d'astreindre la femme et les enfants d'une même famille à conserver la nationalité française, alors que le chef de la famille, par sa dénaturalisation, redevenait un étranger, un ennemi. C'était briser à tout jamais l'unité familiale contre le gré des principaux intéressés.

Le législateur ne l'a pas voulu. Il a laissé à la femme et aux enfants le droit de répudier la nationalité française, pour pouvoir reprendre celle du mari, et ainsi reconstituer cette unité brisée.

Ils ont la faculté de décliner la qualité de Français. On devait d'autant plus leur permettre cette répudiation qu'ils ne sont pas nécessairement d'un sang français, et, puisque le père, à tout le moins est un ancien étranger, ils seront, dans la plupart des cas, formés de sang étranger.

La femme a, pour exercer son droit de répudiation, un *délai d'un an*. Ce délai court, savoir : du jour de la publication au *Journal Officiel* du décret de retrait de naturalisation au mari, si elle est majeure à ce moment, et, si elle est mineure, à compter du jour de sa majorité. Le législateur s'est ici inspiré des dispositions de l'art. 8 du Code civil, réglant la faculté de répudiation de la nationalité française, dans certaines conditions.

Les enfants ont ce même droit, qu'ils soient nés avant ou après la naturalisation. Mais la question pouvait faire difficulté quant à un enfant né en France d'un père, même d'origine étrangère, mais *né également en France* : en effet, l'art. 8 § 3 en fait un Français sans faculté de répudiation. Il ressort des travaux préparatoires que, par les considérations que nous avons fait valoir plus haut, et qui ont fait admettre dans la loi le droit de répudiation de façon générale, il sera applicable même à cette catégorie d'enfants. « Le projet de loi lui permet de décliner la qualité de Français à la suite du retrait de naturalisation prononcé contre son père. Il crée ainsi un droit de répudiation tout à fait exceptionnel en l'état de notre législation ; mais il a paru que cette solution devait être admise étant donné le caractère exceptionnel de la mesure prise contre le père (1). »

Enfin le représentant légal des enfants *mineurs* pourra renoncer en leur nom au bénéfice de la nationalité française, qu'ils tiennent, *soit* du décret de natura-

(1) Rapport BERNARD, précité.

lisation du père (car, aux termes de l'art. 13, al. 3 du Code Civil, la naturalisation du père entraîne celle des enfants), *soit* d'une déclaration antérieure de nationalité (faite dans les conditions des art. 8 § 3, 8 § 4, 12 al. 3 du Code Civil). Mais les cas dans lesquels le représentant des enfants peut agir sont ainsi limitativement déterminés. C'est ainsi qu'il ne pourrait renoncer à la nationalité française au nom d'un enfant né postérieurement à la naturalisation retirée, et qui serait dès lors Français en vertu de l'art. 8 § 1er du même Code. Le délai d'un an n'est pas applicable dans le cas qui nous occupe cette fois : le représentant légal de l'enfant peut faire sa renonciation durant toute la minorité de celui-ci, sauf ce qui sera dit plus loin quant à la renonciation à la faculté de répudiation (o).

(o) « L'article 8, paragraphe 4 du Code civil attribue la qualité de Français à l'enfant qui est né en France de parents nés tous deux à l'étranger si, au moment de sa majorité, il est domicilié en France, sauf pour lui le droit de répudier cette qualité dans l'année qui suit sa majorité.

Admettons que le père de cet enfant ait demandé à être naturalisé Français. La chancellerie, en pratique, a invité le postulant à assurer définitivement à son enfant, si c'est un fils, la qualité de Français en souscrivant en son nom une déclaration devant le juge de paix. Cette déclaration a privé l'enfant du droit de répudier ultérieurement la nationalité française.

*B) Formalités de la répudiation.*

La répudiation est faite dans les formes prescrites par l'art. 9 du Code Civil (modifié par la loi du 22 juillet 1893) par la loi du 26 juin 1889, art. 5 et par le décret du 13 août 1889, pour la France, et par les dispositions spéciales à elles relatives, pour l'Algérie et les autres possessions françaises.

Aux termes de l'art. 6 du décret du 13 août 1889, les déclarations sont reçues par le juge de paix du canton dans lequel réside le déclarant. En cas de résidence à l'étranger, elles le sont par les agents diplomatiques ou consuls de France ; dans les pays ennemis, elles le seront par les agents du pays neutre qui y ont pris soin des intérêts français.

Suivant MM. Aubry et Rau (1), le juge

---

L'intéressé est devenu définitivement Français.

Supposons qu'intervienne dans la suite un décret qui rapporte la naturalisation accordée au père ; celui-ci doit pouvoir d'après le projet revenir sur la déclaration antérieurement souscrite au nom de son fils.

L'enfant redeviendra donc étranger, conformément à l'article 8, paragraphe 4, mais avec la possibilité d'être de droit Français, si au jour de sa majorité il est domicilié en France.

Le père n'aura donc pas décliné définitivement pour lui la qualité de Français. Il a remis l'enfant dans la situation légale où il se trouvait antérieurement, en lui laissant la vocation au droit de devenir Français sous les conditions prévues par l'article 8, paragraphe 4, du Code civil. » (Rapport BERNARD.)

(1) 5ᵉ édition. t. I, § 70. note 31.

de paix ne peut refuser la déclaration. S'il le fait, le déclarant soit saisir ses supérieurs hiérarchiques, ou s'adresser aux tribunaux pour voir décider que sa déclaration sera reçue. Nous estimons que les tribunaux judiciaires seraient compétents, et que, parmi eux, ce seraient les tribunaux *civils* qui devraient être saisis du litige, en vertu du principe de leur plénitude de juridiction. Il s'agit, du reste d'une question d'état rentrant dans leur domaine. A raison de son caractère indéterminé, le procès serait jugé par eux en *premier ressort* seulement.

La déclaration faite au nom d'un enfant mineur devrait émaner du père, — en cas de décès du père, elle devrait être faite par la mère, de même au cas où le père serait déchu de la puissance paternelle ou déchu de la tutelle. Il faut en dire autant, selon nous, lorsque le retrait de naturalisation aura frappé le père. Il est inadmissible de lui conserver, en effet, au regard des autorités françaises, le droit de représentation légale, après l'avoir rangé parmi les étrangers, et parmi les ennemis. Si c'est la mère qui est décédée, ou déchue de la puissance paternelle, ou exclue de la tutelle, le père étant décédé, la déclaration doit être faite par le tuteur autorisé par délibération du conseil de Famille. Si la femme est également dénaturalisée, soit par le décret principal atteignant le père, soit par un décret spécial postérieur, ou si elle a décliné la qualité de Française dans les conditions précitées, le droit de répudiation sera encore exercé par un tuteur *ad-hoc* autorisé par le Conseil de Famille.

Deux exemplaires de la déclaration sont adressés, avec les pièces justificatives, par le juge de paix au Procureur de la République, qui les transmet au Ministre de la Justice. La déclaration est alors inscrite à la Chancellerie. L'intéressé reçoit un des deux exemplaires de sa déclaration, revêtu de la mention d'enregistrement.

La répudiation enregistrée est publiée au *Bulletin des Lois* pour que la condition nouvelle du répudiant soit révélée aux tiers intéressés.

C) *Effets de la répudiation.*

L'individu qui, usant de la faculté de répudiation qui lui est donnée par la loi nouvelle, a déclaré vouloir abandonner sa qualité de Français, et appartenir à l'Etat auquel ressortit son mari ou père, devient, par sa répudiation exprimée dans les conditions et formes qui viennent d'être examinées, être complètement *étranger à la France.* Cela résulte à la fois de la loi nouvelle et des art. 8, 9 et 17 du Code Civil.

Les effets de la perte de qualité de Français sont ceux que nous avons rappelés brièvement au § 8.

### § 10. — RÉVISION DES NATURALISATIONS POSTÉRIEURES AU 1ᵉʳ JANVIER 1913

Nous avons expliqué plus haut (§ 7 *B I*), quelle difficulté fut soulevée par M. Jenouvrier lors de la discussion au Sénat, touchant l'application de l'art. 1ᵉʳ de la loi et la détermination de la preuve de la conservation, par le naturalisé, de son ancienne nationalité. Et nous avons vu à quelle solution le Sénat s'est arrêté : l'idée d'une révision des naturalisations récentes. Il répondait par là aux préoccupations de ceux qui croyaient le Gouvernement dans l'impossibilité de savoir qui a conservé ou recouvré la nationalité étrangère parmi les naturalisés.

Cette préoccupation était née surtout, — pour ne pas dire exclusivement, — de la révélation de la loi Delbrück, qui constitue une invitation aux Allemands, en vue de favoriser leur patrie d'origine, à obtenir la nationalité française pour en avoir les avantages politiques, civils et commerciaux, tout en gardant la nationalité allemande. Une solution se présentait donc. Considérer comme suspectes, comme entachées de présomption, de fraude, toutes les naturalisations obtenues depuis le courant créé par la fameuse législation allemande. Renversant le fardeau de la preuve, l'obligation de prouver la sincérité et le sérieux de cette naturalisation tombait à la charge du naturalisé. Le Gouvernement pouvait considérer comme nulles toutes ces naturalisations nouvelles, et ainsi le reproche d'impuissance soulevé par M. Jenouvrier et ses adeptes disparaissait.

Cette question importante, appelant une grave modification au projet, a occupé quatre séances publiques du Sénat et plusieurs réunions de Commissions, du 2 au 12 avril.

Ce système de la révision a été suivi par la Commission de la Chambre, sauf quelques légères modifications acceptées, à son tour, par le Sénat à sa séance du 3 avril.

Il avait cependant fait l'objet d'une longue discussion et d'un amendement de rejet, proposé à la Chambre par M. le Député Ernest Lafont ; il invoquait le caractère excessif de la mesure de révision, allant, soit quant aux dates, soit quant aux catégories d'étrangers, beaucoup plus loin que ne l'avait entrevu M. Jenouvrier lui-même.

M. Viviani, répondant au nom du Garde des Sceaux, a demandé à la Chambre de ne pas revenir sur le texte pour n'en pas retarder le vote, vote absolument urgent et nécessaire. Il indiquait du reste que l'art. 2 permettait au Gouvernement d'examiner de plus près les naturalisations les plus suspectes, — celles remontant à 1913 et 1914, — espèce par espèce.

Il soulignait, en outre, un point important, et M. le rapporteur avec lui : lorsque des naturalisés révisés en vertu de l'art. 2 verront leur droit maintenu après la procédure organisée par ce texte, ils demeureront quand même sous le coup des dispositions du § 1er de l'article 1er, puisqu'il organise un système général de retrait applicable à l'ensemble des naturalisés, aussi bien à ceux de 1913 et 1914 qu'aux autres.

*Cas d'application du système de révision.*

L'art. 2 de la loi s'applique :

1°) A tous les naturalisés ; 2°) postérieurement au 1er janvier 1913 ; 3°) anciens sujets de puissance en guerre avec la France, encore qu'ils aient eu une autre nationalité intermédiaire par l'effet de la loi ou par naturalisation.

(Il faut la réunion de ces trois conditions.)

Il peut, d'autre part, être étendu à la femme et aux enfants du naturalisé, (art. 4 de la loi, art. 6 du décret)/

*Exception.*

La révision ne s'applique pas : 1°) aux Alsaciens ou aux Lorrains *d'origine* nés avant le 30 mai 1871.

2°) A leurs descendants.

Cette disposition exceptionnelle, — retouchée en la forme, — a été sollicitée par voie d'amendement, à la Chambre (séance du 6 mars), par MM. Laurent Thiéry et Butterlin. M. Thiéry l'a ainsi justifiée :

« Il ne serait pas juste de retirer la qualité de Français aux Alsaciens-Lorrains qui n'ont pas attendu pour l'acquérir l'heure de notre victoire définitive, et dont beaucoup combattent vaillamment contre nos enemis communs dans les armées de la République.

« Demain, tous les Alsaciens-Lorrains redeviendront légalement Français par le triomphe du droit assuré par nos armes. N'infligeons pas à ceux d'entre eux qui ont voulu et pu l'être plus tôt, l'humiliation de leur enlever un titre qui leur est si cher et dont ils sont restés dignes.

« Cette mesure de suspicion pourrait causer quelque amertume à nos frères d'Alsace-Lorraine qui, depuis quarante-quatre ans, malgré les persécutions d'un odieux régime d'exception, ont si fidèlement et avec tant de courage conservé au cœur l'amour de la France. »

A vrai dire l'amendement n'avait aucune utilité pour une raison de droit et une raison de fait : 1°) on n'applique pas et on n'a pas eu à appliquer aux Alsaciens-Lorrains, les règles de la naturalisation, mais celles de la *réintégration* dans la qualité de Français, par application de l'art. 18 du Code civil ;

2°) Le Gouvernement, ayant un pouvoir d'appréciation dans les révisions, n'annulerait évidemment pas une naturalisation d'un Alsacien ou Lorrain d'origine, à supposer qu'il soit redevenu Français par le moyen d'une naturalisation.

MM. Thiéry et Butterlin ayant insisté pour que cette précision soit au texte, il leur a été donné satisfaction.

M. Louis Martin, en exprimant à la tribune du Sénat (séance du 6 mars) ses sympathies pour une certaine catégorie d'étrangers : les Tchèques, Polonais, Slaves, avait, avec ses collègues MM. Ordinaire et Guilloteaux, proposé par voie d'amendement, une exception en leur faveur. La Commission, tout en s'associant aux sympathies exprimées, a repoussé l'amendement, en se fondant sur l'impossibilité de préciser les étrangers à atteindre, étant données les diversités de races et le caractère trop générique des expressions qui devraient être nécessairement employées. Elle a considéré que, là encore, et surtout, il y a des questions d'espèce qu'il faut laisser au Gouvernement le soin de trancher, puisque le but de l'art. 2 est précisément de lui laisser toute latitude dans la détermination des naturalisations à rejeter ou à maintenir.

L'amendement a été retiré.

*Procédure de révision.*

Elle est réglée par l'article 2 §§ 2 et 3 de la loi du 7 avril 1915 et par l'art. 5 du décret du 24 avril.

1°) Dans le délai de quinzaine à compter du décret réglementaire, un état nominatif de toutes ces naturalisations devra être inséré au *Journal Officiel* par les soins du Ministre de la Justice.

Le décret dont il est ainsi parlé est celui du 24 avril, que vise l'art. 9 de la loi (article 5 du projet). Cela résulte de la réponse faite au Sénat par le rapporteur, à la séance du 12 mars 1915, sur une question de M. Jenouvrier.

A la même séance, M. le Sénateur Etienne Flandin avait demandé que l'état nominatif des naturalisations révisables fût inséré également au *Bulletin des Lois*, et qu'il en fût fait mention au texte. Il invoquait à l'appui de sa demande la jurisprudence de la Cour de Cassation aux termes de laquelle les droits du naturalisé commencent lors de l'insertion *au Bulletin des Lois* du décret de naturalisation.

L'addition dont s'agit a été jugée inutile, à la suite de la réponse de M. le Rapporteur, assurant que toutes les publications qui paraîtraient au *Journal Officiel* figureraient au *Bulletin des Lois*. De son côté, M. le Garde des Sceaux avait indiqué que « cette insertion est de droit ».

L'état nominatif doit être dressé dans la forme indiquée par l'art. 5 du décret du 24 avril auquel nous nous bornons à renvoyer le lecteur.

2°) Les intéressés peuvent, dans les conditions que nous avons vues pour le projet de retrait, présenter des observations sur le projet de révision. Le délai est de 15 jours pour ceux habitant en France, Algérie ou à l'étranger ; et de six semaines pour ceux résidant dans les colonies autres que l'Algérie et dans les pays de protectorat (1). Le point de départ du délai doit, suivant nous, être calculé ainsi que nous l'avons dit au § 7, C (observations de l'intéressé).

Le retrait de naturalisation par révision pouvant être appliqué à la femme et aux enfants, ils ont le même droit

(1) Il faut toutefois, pour qu'ils bénéficient de cette augmentation de délai qu'ils y aient résidé lors de leur naturalisation.

d'observation. Nous renvoyons à cet égard, à ce que nous avons dit plus haut (§ 7, C, observations de l'intéressé).

3°) Le Ministre de la Justice a, à compter de l'expiration du délai ci-dessus (de quinzaine ou de six semaines suivant les cas, bien que l'art. 2 § 3 ne parle que du délai de quinzaine), un autre délai de trois mois pour faire connaître quelles naturalisations sont jugées dignes d'être maintenues.

La déclaration ministérielle résultera d'une insertion au *Journal Officiel*.

Elle contiendra l'indication des motifs qui l'ont inspirée. Cette exigence vient d'un amendement de M. Jenouvrier au Sénat. Il l'a ainsi justifiée : « Je vous accorde, à vous, Gouvernement, le droit de juger si les naturalisations prononcées au cours des années 1913 et 1914 ne sont pas, cependant, honorables, si elles ne doivent pas être maintenues. Vous en aurez le droit à une condition. Je suis partisan de la responsabilité. Je ne veux pas qu'on étrangle les gens. Vous nous direz, au *Journal Officiel*, les motifs qui vous auront amené à maintenir les naturalisations. »

4°) Dans le même délai, *toutes les autres naturalisations seront rapportées par décrets insérés au Journal Officiel*.

5°) Il résulte des travaux préparatoires (1) que les décrets de retrait de naturalisations rendus en conformité de l'art. 2 de la loi, et dans les formes que nous venons de voir, *ne sont pas susceptibles de recours au Conseil d'Etat.*

*Effets du rapport.*

Le rapport du décret de naturalisation, après révision, produira, soit à l'égard du naturalisé, soit à l'égard de sa famille, les mêmes effets que le retrait de la naturalisation, tel que nous l'avons examiné (§ 8). Il en est de même du droit de répudiation de la femme et des enfants (§ 9).

Il n'y a qu'une différence : le Gouvernement n'est pas libre de déterminer les conditions de rétroactivité du décret. Dans le cas de l'art. 2, le décret voit toujours ses effets remonter au jour de la déclaration de guerre avec l'Etat dont ressortit l'intéressé.

Ils se produisent de *plein droit,* encore que le décret n'en ferait pas mention.

§ 11. — SUSPENSION DES NATURALISATIONS NOUVELLES

Enfin, l'article 6 de la loi décide qu'aucune naturalisation nouvelle ne pourra être accordée au sujet d'une puis-

(1) *Journal Officiel,* 3 avril 1915, Déb. Parl., Chambre, p. 547.

sance en guerre avec la France, avant la signature définitive de la paix.

Cette solution doit être appliquée, que la demande soit déjà, ou non, en instance à la Chancellerie. Ce sont les propositions Delahaye et de Dion, mais considérablement mitigées.

La disposition n'existait pas au projet du Gouvernement. Elle a été ajoutée sur la proposition de M. le Sénateur Henry Béranger.

« En effet, la raison répugne à cette conception que nous puissions d'un coup être devenus, contre notre volonté, des compatriotes d'Allemands ou d'Autrichiens pendant l'invasion austro-allemands dans notre patrie. C'est une chose à laquelle la raison se refuse. » L'amendement de M. Béranger, signé aussi par MM. Porchot et Henri Michel, avait pour but de paralyser les effets, — susceptibles de devenir néfastes, — de la loi du 5 août 1914. Cette loi, hâtivement votée, a autorisé la naturalisation, sans condition de résidence, des étrangers qui contracteraient un engagement pendant la durée de la guerre ; elle a ainsi permis à des Allemands de contracter *chez nous des engagements*. Elle n'avait été votée que dans le but de ramener à nous les Alsaciens-Lorrains ; mais, mal entrevu, ce but a été malheureusement dépassé.

Il aurait fallu se rappeler que, comme nous l'avons dit plus haut, les Alsaciens-Lorrains ne sont pas soumis à naturalisation, mais à réintégration. Et il suffisait de supprimer, *quant à eux*, la condition de résidence attachée par l'art. 18 du C. Civil à la recevabilité de la demande de réintégration.

Précisément parce qu'il ne sont pas sujets à naturalisation, il a été entendu que l'art. 6 de la loi ne leur serait pas applicable (1), et qu'ils peuvent dès lors, pendant la guerre, demander leur réintégration dans la qualité de Français.

Cette disposition couronne l'œuvre excellente du législateur de 1915, et empêchera que, suivant l'heureuse formule de M. Henry Béranger, « ne s'introdui-« sent dans l'armée française, et dans la « nation française, des indésirables dont, « pour notre part, nous ne nous sou-« cions d'être ni le concitoyen, ni le « compatriote ».

---

(1) (Discussion au Sénat, séance du 3 avril 1915.

# ANNEXES

## I. Loi du 7 avril 1915

*Autorisant le Gouvernement à rapporter les décrets de naturalisation obtenus par d'anciens sujets de puissances en guerre avec la France.*

Le Sénat et la Chambre des Députés ont adopté.

Le Président de la République promulgue la loi dont la teneur suit :

ART. 1ᵉʳ. — En cas de guerre entre la France et une puissance à laquelle a ressorti un étranger naturalisé, celui-ci pourra être déchu de la naturalisation lorsqu'il aura conservé la nationalité de son pays d'origine ou du pays dans lequel il a été antérieurement naturalisé.

La déchéance sera obligatoire ; si le naturalisé a recouvré une nationalité antérieure ou acquis toute autre nationalité ; s'il a, soit porté les armes contre la France, soit quitté le territoire français pour se soustraire à une obligation d'ordre militaire ; soit enfin si, directement ou indirectement, il a prêté ou tenté de prêter contre la France, en vue ou à l'occasion de la guerre, une aide quelconque à une puissance ennemie.

La déchéance sera prononcée par décret rendu après avis du Conseil d'Etat et sauf recours au contentieux devant cette juridiction. Le décret portant retrait de la nationalité française fixe le point de départ de ses effets sans toutefois pouvoir les faire remonter au delà de la déclaration de guerre.

ART. 2. — Seront revisées toutes les naturalisations accordées postérieurement au 1er janvier 1913 à des sujets ou anciens sujets de puissances en guerre avec la France.

Dans un délai de quinzaine à compter de la publication du décret réglant les conditions d'application de la présente loi, un état nominatif de toutes ces naturalisations devra être inséré au *Journal Officiel* par les soins du Ministre de la Justice.

Dans un délai de trois mois à compter de l'expiration de ce premier délai de quinzaine, le Ministre de la Justice devra, par une publication insérée au *Journal Officiel*, faire connaître celles de ces naturalisations jugées dignes d'être maintenues, ainsi que les motifs de cette décision.

Dans le même délai, toutes les autres naturalisations seront rapportées par décrets insérés au *Journal Officiel*.

Le retrait de naturalisation exercé dans cette hypothèse produira de plein droit ses effets à dater de la déclaration de guerre.

Les dispositions du présent article sont sans application aux Alsaciens ou aux Lorrains d'origine nés avant le 20 mai 1871 ou à leurs descendants.

Art. 3. — En aucun cas, la rétroactivité du retrait de naturalisation ne pourra préjudicier aux droits des tiers de bonne foi ni faire échec à l'application des lois pénales sous le coup desquelles le naturalisé serait tombé avant le décret de retrait.

Art. 4. — Le retrait de la nationalité française prononcé en vertu des articles précédents est personnel à l'étranger qui l'a encouru.

Toutefois, selon les circonstances, il pourra être étendu à la femme et aux enfants, s'il en est ainsi ordonné, soit par le décret concernant le mari ou le père, soit par un décret ultérieur rendu dans les mêmes formes.

Art. 5. — La femme pourra décliner la nationalité française dans un délai d'un an à partir de l'insertion au *Journal Officiel* du décret portant retrait de la naturalisation à l'égard du mari. Si, lors de cette insertion elle est mineure, ce délai ne commencera à courir qu'à dater de sa majorité.

La même faculté est reconnue aux enfants dans les mêmes conditions.

En outre le représentant légal des enfants mineurs pourra, dans les conditions prévues par l'article 9 du Code civil, renoncer pour eux au bénéfice de la nationalité française qu'ils tiennent soit du décret de naturalisation du père, soit d'une déclaration antérieure de nationalité.

ART. 6. — Aucune naturalisation nouvelle d'un sujet d'une puissance en guerre avec la France ne pourra être accordée avant la signature définitive de la paix.

ART. 7. — La présente loi cessera d'être exécutoire deux ans après la signature définitive de la paix.

ART. 8. — La présente loi est applicable à l'Algérie et dans les autres possessions françaises.

ART. 9. — Un règlement d'administration publique déterminera les conditions d'application de la présente loi.

La présente loi, délibérée et adoptée par le Sénat et par la Chambre des Députés, sera exécutée comme loi de l'Etat.

## II. Décret réglementaire du 24 avril 1915, pour l'application de la loi du 7 avril 1915 sur les retraits de naturalisation.

Le Président de la République française sur le rapport du Garde des Sceaux, ministère de la Justice, du Ministre des Affaires étrangères, du Ministre de l'Intérieur et du Ministre des Colonies ;

Vu la loi du 7 avril 1915 autorisant le Gouvernement à reporter les décrets de naturalisation obtenus par d'anciens sujets de puissances en guerre avec la France et notamment l'article 9 ainsi conçu : « Un règlement d'administration publique déterminera les conditions d'application de la présente loi » ;

Vu les articles 8 et suivants du Code civil concernant la naturalisation des étrangers ;

Vu la loi du 26 juin 1889 sur la nationalité, ensemble le décret du 13 août suivant portant règlement d'administration publique, pour l'exécution de ladite loi ;

Vu le *senatus-consulte* du 14 juillet 1865 et les autres dispositions spéciales à la naturalisation en Algérie ;

Vu les dispositions régissant les naturalisations dans les Colonies et pays de protectorat, notamment le décret portant règlement d'administration publique en date du 7 février 1897 ;

Vu l'article 3 de la loi du 5 août 1914, relative à l'admission des Alsaciens-Lorrains dans l'armée française ;

Le Conseil d'Etat entendu,

Décrète :

ART. 1er. — L'étranger naturalisé ayant ressorti à une puissance en guerre avec la France, qui d'après les renseignements recueillis par le Ministre de la Justice rentre dans un des cas prévus par l'article 1er de la loi du 7 avril 1915, est prévenu par une notification en la forme administrative que le ministre se propose de provoquer le retrait de sa naturalisation.

La notification énonce les motifs invoqués et indique, le cas échéant, si le retrait projeté doit s'étendre à la femme et aux enfants du naturalisé.

Elle est faite soit à la personne, soit au domicile ou à la résidence actuelle du naturalisé.

Si l'administration ne connaît ni le domicile, ni la résidence du naturalisé ou s'il est domicilié ou réside sur le territoire d'une puissance en guerre avec la France, la notification est remplacée par un avis inséré au *Journal Officiel* de la République française.

Lorsque le naturalisé, dont l'administration ne connaît ni le domicile, ni la résidence, a eu son dernier domicile ou sa dernière résidence dans une colonie française, ou un pays de protectorat français, l'avis est, en outre, inséré dans le *Bulletin* ou *Recueil Officiel* de la colonie ou du protectorat.

Dans les quinze jours qui suivent la notification ou l'insertion, l'intéressé peut présenter par écrit ses observations.

Il les adresse au ministre de la Justice par lettre recommandée ou les dépose, contre récépissé, au ministère de la Justice.

ART. 2. — Le naturalisé, qui réside dans une colonie française, un pays

de protectorat français ou un pays
étranger et à qui est faite une notification en vertu de l'article précédent,
peut remettre ses observations écrites,
selon les cas, au secrétaire général de
la colonie, à l'administrateur, au contrôleur civil, au résident ou à l'agent
diplomatique ou consulaire le plus
rapproché du lieu de résidence.

Ce fonctionnaire adresse aussitôt les
dites observations au gouverneur général ou gouverneur, au résident général ou au chef de la circonscription
diplomatique qui en fait part immédiatement par voie télégraphique au
Ministre de la Justice par l'intermédiaire du Ministre des Affaires étrangères. Le texte de ces observations est,
en outre, envoyé sans délai.

ART. 3. — A l'expiration du délai
de quinzaine, le projet de décret est
transmis avec le dossier au Conseil
d'Etat. Dans les trois mois qui suivent
cette transmission, il est statué soit
par un décret prononçant le retrait de
naturalisation, soit par une décision
du Ministre de la Justice portant qu'il
n'y a lieu de donner suite au projet
de décret.

ART. 4. — Tout décret portant retrait de naturalisation est publié au

*Journal Officiel* de la République française et inséré au *Bulletin des Lois* et, s'il y a lieu, au *Bulletin ou Recueil Officiel* de la colonie ou du protectorat.

Le décret est, de plus, notifié administrativement à l'intéressé s'il a été fait une notification à celui-ci en vertu de l'article 1er du présent décret.

La décision du Ministre de la Justice portant qu'il n'y a lieu de suivre est notifiée ou publiée dans les formes prescrites par cet article selon que, par application du même article, la procédure tenant au retrait de la naturalisation a fait l'objet d'une notification ou d'une publication.

ART. 5. — L'état nominatif à insérer au *Journal Officiel* de la République française des naturalisations qui devront être révisées par application de l'article 2 de la loi du 7 avril 1915 sera établi en présentant distinctement, pour chacune des puissances en guerre avec la France, les naturalisations accordées à des sujets ou anciens sujets de ces puissances, conformément aux dispositions du Code civil et de la loi du 26 juin 1889, et celles qui l'ont été en vertu des dispositions exceptionnelles de l'article 3 de la loi susvisée du 5 août 1914 ou des dispositions spéciales à l'Algérie, aux Colonies et pays de protectorat.

Dans les quinze jours qui suivent cette publication, les intéressés peuvent présenter des observations dans les formes déterminées par l'article 1ᵉʳ du présent décret.

Ce délai est porté à six semaines pour les intéressés qui résident dans les colonies françaises autres que l'Algérie ou dans les pays de protectorat français, s'ils y résidaient déjà lors de leur naturalisation.

Art. 6. — Le retrait de la nationalité française prononcé en vertu des articles 1ᵉʳ et 2 de la loi du 7 avril 1915, ne peut être étendu par application de l'article 4 de ladite loi, à la femme et aux enfants du naturalisé qu'après l'accomplissement à leur égard des formalités prescrites par l'article 1ᵉʳ du présent décret, et sous réserve de la faculté pour les intéressés de produire toutes observations utiles dans le délai de quinzaine.

Les notifications concernant les enfants mineurs sont faites à leur représentant légal qui a qualité pour présenter des observations en leur nom.

Art. 7. — Les déclarations souscrites en vertu de l'article 5 de la loi du 7 avril 1915, pour décliner la nationalité française sont soumises aux formes déterminées par le règlement d'administration publique du 13 août 1889 ou par les dispositions spéciales à l'Algérie et aux autres possessions françaises.

Art. 8. — Si l'étranger naturalisé a son domicile ou sa résidence dans une colonie française, un pays de protectorat français ou un pays étranger, les notifications prescrites par les articles précédents sont faites par les soins soit du Ministre des Colonies, soit du Ministre des Affaires étrangères, sur la demande du Ministre de la Justice.

Art. 9. — Le Garde des Sceaux, ministre de la Justice, le Ministre des Affaires étrangères, le Ministre de l'Intérieur et le Ministre des Colonies sont chargés, chacun en ce qui le concerne, de l'exécution du présent décret qui sera publié au *Journal Officiel* de la République française et inséré au *Bulletin des Lois* ainsi qu'au *Bulletin Officiel* du gouvernement général de l'Algérie et aux *Recueils Officiels* des autres possessions françaises.

# TABLE DES MATIÈRES

Besançon — Imp. spéciale du Bulletin des Tribunaux de Commerce

# DU MÊME AUTEUR

**Les pensions civiles et les difficultés d'application de la loi du 9 juin 1853.** (Revue Nouvelle de Notariat et de Procédure, Année 1904.)

**De la transcription du jugement de divorce.** (Revue Nouvelle de Notariat et de Procédure, Année 1905.)

**La stipulation pour autrui.** (Revue Nouvelle de Notariat et de Procédure, Année 1906.)

**La surenchère.** (Revue Nouvelle de Notariat et de Procédure, Année 1907.)

**Petit Manuel des Vices Rédhibitoires et des maladies contagieuses.** (Giard et Brière, éditeurs, 1909.)

**La Mutualité Agricole et l'Assurance contre l'incendie.** (Cavaniol, éditeur, 1910.)

**Manuel pratique du conseiller prud'homme.** (Cavaniol, éditeur, 1910.)

**L'Etat de guerre et ses conséquences juridiques.** (Georges Roustan, éditeur, 1914.)

En préparation

**La guerre économique et commerciale avec les Austro-Allemands.** (Georges Roustan, éditeur.)